L'Essere di Essere Amore

di
Lorenzo Foglia

Note dell'autore

Sono un discendente artistico di Benvenuto Cellini, orafo e scultore, e porto i segni nel mio animo della bottega rinascimentale fiorentina dove l'artista era alchimista, mago e filosofo e dove le energie dell'universo venivano sondate. Fin da quando ho pochi anni (tre o quattro) nasce il mio contatto con la materia, con i suoni dei martelli che sbalzano e cesellano, con i metalli nobili, oro ed argento, per giungere poi dopo anni di preparazione culturale ed artistica ad acquisire la tecnica necessaria per progettare e realizzare opere per grandi committenze.

Particolare non trascurabile della mia formazione sono i tanti momenti trascorsi assieme agli amici artigiani, artisti, letterati, giornalisti e del mondo politico nella mia Firenze di San Frediano e Santo Spirito e nella tanto amata Roma.

Una raccolta di pensieri, aforismi e riflessioni di tipo filosofico ed ermetico maturazione di studio e di un cammino interiore che va dai frammenti eraclitei, all'equilibrio epicureo, alle riflessioni socratiche, alla stoica senechiana, al tempo sant' agostiniano, a Cartesio fino a giungere, tralasciando molti altri da cui ho preso ispirazione, alla contingenza heiddeggeriana.

E' una riscoperta del pensiero dell'uomo che nonostante non appartenga direttamente al mondo accademico, con la sua capacità di astrazione, e che sia a (co)stretto contatto con la matericità e con il rapporto causa-effetto, rilancia se stesso alla scoperta del cammino filosofico, come luogo centrale ed infinito.

Un cammino nel sentimento e nella luce della ricerca, che non vuole dare risposte, ma bensì cercare di essere di stimolo per porsi nuove domande.
Perché la filosofia, intesa come ricerca, come via per la saggezza, è una pratica quotidiana che deve e può attingere anche dal giornaliero e dall'esperienza sensibile.

Epicuro afferma di conoscere molte persone dotte e pochissime sagge, infatti la saggezza non appartiene né a chi è istruito e né a chi è ignorante, ma solo a chi lavora su se stesso per essere libero.

Il bambino caratterizza con la ricerca ed il porsi domande tutto il periodo dell'apprendimento[1] ed è così che si appropria delle principali informazioni di base per poter gestire il proprio corpo, le relazioni con gli altri e l'ambiente che lo circonda. Purtroppo questo periodo termina molto presto e così con una serie di informazioni di base, peraltro inseriteci principalmente da altri, tutti noi, affrontiamo la vita convinti di sapere.

1- Sintomatica è la fase dei *perché*.

Credo infatti che siano le domande a far crescere l'uomo e dicendo questo non intendo affermare che non sia importante la ricerca delle risposte, ma che molto spesso queste nascano come soluzioni a domande sbagliate, scontate o retoriche.

Come esempio ricordo la storia, che presuppongo essere più una favola che realtà, ma che ben si presta allo scopo, della mela caduta sulla testa di Newton, che porterà poi alla scoperta della forza di gravità. Ecco cosa intendo, se il fisico si fosse chiesto la risposta alla domanda già esistente sul perché le mele cadono sarebbe pervenuto alla conclusione che questa era giunta a maturazione e nient' altro!

Il filosofo, come il genio, invece vede al di là dell'apparenza della consuetudine e trova laddove sembra tutto spiegato e chiaro nuove angolazioni che gli permettono di porsi nuove domande in grado di generare nuove prospettive.

Il libro ha la forma di raccolta di frammenti, di riflessioni ed ogni lavoro è introdotto da un *Del* come a riprendere un po' il lucreziano *De rerum natura* e come per introdurre il concetto di *Riguardo a* o *In riferimento a* proprio perché analizzo e spiego una mia prospettiva
Cosmogonia, ontologia, divino, problematiche di tipo etico e morale i temi trattati nel libro, che spero possano essere d'aiuto per affrontare con nuova luce le continue riflessioni che ci pongono ogni giorno la vita, il quotidiano, la religione, la politica e la scienza.

Avrei voluto inserire anche delle appendici per spiegare alcuni dei temi trattati, ma credo che queste avrebbero dato delle spiegazioni e che in un certo qual modo sarebbero state un limite alla ricerca del singolo ponendo già dei vincoli di prospettica d'analisi.

Un lavoro che prende spunto dal quotidiano per trovare le tracce che determinano la percezione con cui formiamo i nostri giudizi generati dalle basi di ciò che riteniamo essere reale. Il diavolo veste d'agnello e non si presenta a noi come tale, così gli uomini trovano proprio in quei modi d'agire e di pensare "minimi", che attingono alla tradizione, al sapere popolare ed a quelle certezze indiscutibili che neppure si percepiscono, ma che si adoperano e fanno parte di noi, i propri dogmi, che, come tracce di un software improprio, si legano alla formazione del suo stato di incoscienza-torpore impedendogli di trovare la propria strada nella libertà di essere se stesso.

Non mi aspetto che il lettore sia concorde con tutti i miei lavori, ma mi aspetto e spero che questi siano spunto di riflessione e di pungolo a risvegliare da un intontimento imposto dalla massificazione e dal "pensar giusto", magari in una cena tra amici o prima di andare a letto e che, proprio come la mela caduta sulla testa di Newton, stimolino la voglia di valutare nuove angolazioni dalle quali osservare il possibile mondo che ci circonda.

Buona Lettura.

l.f.

La ricerca ed il superamento
sono in ogni luogo
e nessuno le può racchiudere o contenere,
ma sta a noi "sapere di non sapere".

(primavera)

Delle Origini, dell'Universo, dell'Esistenza e del Tempo

Non esiste *ante quem*, ma solo *post quem*.
L'esistere è nella luce ed ogni cosa è in lei.

Del Viaggio

Trovandoci all'origine si può aver percorso tutto l'universo, ma non si ha percorso niente restando all'origine.

Del Conosci Te Stesso

Se non si impara a morire rinascere è cosa ardua.

Della Vita

E' il determinante di stati d'essere essenti nella fatticità[1] momentanea, è l' attimo che rigenera se stesso, è l' essere tra il non essere, dal passato-morte verso il futuro-morte solo ora e adesso è vita, è essere.

1-Fatticità

Momento contingente al fatto.

Della Morte

Determina la vita stabilendone l'esistenza in quanto morte della stessa, è l' opposto in sintesi dialettica transitoria e non finale anche nell'attimo nel quale prendendo forma muterà se stessa restando eterna.

Dei Corsi e Ricorsi della Storia

In uno schema con varianti limitate non è ipotizzabile avere soluzioni illimitate. La contingenza è l'unica variazione imprevista e non codificata determinante invece che siano illimitate le soluzioni determinanti a generare varianti limitate ma non originali.

Dell'Infinito

Completa se stesso.

Del da Dove Veniamo e Dove Andiamo

Dal tutto anche quando era niente verso il niente per divenire tutto.

Del Buon Selvaggio

La stupidità e l'ignoranza non conferiscono bontà, un animo puro non è puro perché selvaggio, ma perché sceglie le sue azioni nella completezza dell'essere.

Della Felicità

La vera felicità è comparabile solamente al grado di libertà che l'uomo ha di essere libero di determinare cosa lo renda felice e deve essere ricercata non nel domani, non nell'eccezione ma nella medietà[1] delle contingenze fattuali così da rendere la vita intera un accadimento felice.

1- Medietà

Serie di ripetizioni di atti presi nel loro svolgere medio senza cioè tener conto dell'eccezionalità di un evento singolo.

Del Chi Siamo

Nella nostra iità[1], singoli e partecipi comuni di una realtà probabile, esseri eterni e mortali di un infinito senza tempo.

1-Iità

Rappresentazione identitaria dell'Io

Dell'Aldilà

Negare l'aldilà è stupido, altra cosa però è credere di poterlo ipotizzare solo sull'esistenza dell'essere. Tuttavia l'esistere nella sua parzialità suggerisce la totalità del non essere in rapporto con l'essere.

Dell'Arte

Concetto reale di una realtà irreale, ipotenusa sull'orizzontale del terreno, leva di astrazione per il concreto che spinge al superamento.

Della Vita Virtuale

La presenza in assenza determina la realtà virtuale concetto che stabilisce un' esistenza pur negandone l'effettiva realtà contingente e proponendola n volte in n luoghi ed in n tempi, dove n significa infinito o niente.

Dell'Eros

L'uomo deve poter godere dei propri limiti senza che questi lo distruggano è nella perdita del rapporto biunivoco tra parola e stimolo che si raggiunge l'astrazione e con essa la possibilità di conoscere l'insensibile, così l'eros si svincola dall'atto riproduttivo e raggiunge nuovi limiti e la riproduzione acquisisce appieno la forma dell'atto d'amore.

Della Società

Una società si può dire evoluta solo nella proporzione che riesce a rendere liberi e consapevoli delle proprie scelte gli uomini.

Dei Numeri

Infiniti in quanto ripetizioni di essere e inesistenti come infiniti. Tutto è o non è, esiste o non esiste, tutto è zero o uno il resto è insieme.

Del Bello

Riferimento imprescindibile sul quale fondare la propria ricerca di costruzione interiore, sentimento vòlto alla crescita del singolo in armonia con il tutto.

Della Politica

Sistema di dominio e di controllo organizzativo necessario quanto inutile vòlto all'automantenimento nell'interesse proprio e della comunità.

Dell'Aborto

Interferire con la nascita della vita è compiere una selezione, compiere una selezione è un atto di dominio, il dominio sulla vita riguarda solo il divino e chi genera la vita: così ad uno spetta ogni cosa ed all'altro di generare la vita.

Dell'Eutanasia

La ricerca dell'uomo deve essere volta al benessere, senza che questo cessi d'esserlo. Comprendere la morte come causa di fine necessaria per il continuo della vita è un atto imprescindibile per capire che esiste un momento nel quale ognuno di noi deve lasciare il proprio posto.

Della Fedeltà

E' la coerenza con la quale le nostre azioni ed i nostri pensieri seguono le nostre affermazioni in armonia con noi stessi.

Dell'Amicizia

Stato di contingenza dialettica passiva-attiva ed attiva-passiva dove l'azione evento nella sua ripetizione trova coadiuvati i suoi stati d'essere dalla partecipazione dei singoli.

Della Verità

Triste chi non la cerca, misero chi crede di possederla.

Della Libertà

L'amore ci rende liberi ed in lui ogni cosa è libera e sarà quando ameremo noi stessi e ricambieremo gli altri con lo stesso amore che potremo dire di conoscere la libertà.

Del Pensiero

Nel silenzio e nel buio scendere è difficile e può spaventare, ma è lì che il cammino ci deve condurre affinché tutto possa rischiararsi.

Della Parola

Così come noi chiamiamo e rendiamo vero l'irreale, di ritorno da un lungo viaggio si avranno parole nuove per descrivere ciò che si è visto.

Della Fortuna

Niente si può all'irrazionale se non contrapporre la nostra più completa indifferenza.

Della Maggioranza

L'eventuale e non indispensabile potere che esercita non determina più verità nel giudizio di quella del singolo.

Dell'Esistenza di Dio

Era inevitabile per l'uomo generare Dio come proiezione metafisica, per conoscere e concepire l'inconoscibile.
Se Dio non esistesse saremmo ben poca cosa.

Della Globalizzazione

Sfumare le differenze fino a renderle nulle non crea armonia, ma disarmonia, non porta sviluppo, ma regressione e non genera vita, ma morte.

Del Reale

Reale è ogni cosa che è, ma soprattutto quella che non è.

Della Giovinezza e della Senilità

Spesso crede di possedere la sapienza e di farla valere con la forza, spesso non ha più le proprie forze e si nasconde dietro una finta saggezza. Si è ciò che si è nel momento che lo si è e siamo come siamo nel momento che lo siamo.

Dell'Invidia

Si ha bisogno del necessario e non del superfluo, ma anche accontentarsi non è accettabile.

Della Ricchezza

Non nella ricchezza è il limite morale ma nel vuoto innecessario che essa lascia dietro di sé.

Della Relatività del Giudizio

Relativo è il giudizio nelle contingenze infinite dell'essere, ma unico è il principio di relazione.

Della Povertà

In sua presenza tanto è maggiore quanto è miserabile d'animo ed incolto chi governa, nessun insegnamento da lei se non la denuncia del delitto che si è compiuto.

Dell'Insegnamento

Solo il risultato ne dà certezza.

Della Speranza

Vivere nell'attesa del domani ha ragion d'essere solo nella forza dell'oggi.

Della Volontà

Nella ragione, non nell'istinto

Dell'Assoluto

Rinnega la sua esistenza metafisica nella sua reale contingenza.

Del Tutto

Solo la fine determina l'origine.

Dell'Eremita

Niente è esaustivo a se stesso.

Della Pausa

Elemento necessario a completamento dell'attivo, senza di esso l'esistenza cessa e nella sua diminuzione non si ha proporzionalmente più dinamismo, ma solo la sterile discontinuità frammentaria di uno spasmo di morte.

Del Coraggio

Non lo si trova nel combattere la propria guerra per la propria vittoria, ma nell'accettare la sconfitta subita dopo aver combattuto strenuamente per l'altrui difesa.

Del Dogma

I limiti si generano non se ci rifiutiamo di cercare le risposte, ma di non comprendere le domande.

Del Labirinto

La proiezione interiore della certezza dell'uscita di libertà edifica la forza di proseguire difronte alle scelte da compiere, poco importa che non tutti forse ne usciranno ciò che importa è che, all'occorrenza, se percorso tutto si sappia tornare indietro.

Dell'Immortalità

L'uomo non la troverà mai perché già la possiede è nella sua superba stupidità che ricerca di preservare uno stato transitorio in eterno senza comprendere che questo gli negherebbe di esser mai esistito.

Del Siamo Tutti Uguali

L'uguaglianza umana è nella ricerca delle differenze e nella valorizzazione e nella rappresentanza che ha e dà di esse chi non le condivide e non da chi ne stabilisce la giustezza in rapporto ad un'origine.

Del Carpe Diem

Non nel tempo e né col tempo, ma nell'atto che genera l'attimo, che solo ora adesso è esistente, ma mai come ripetizione e solo come mutazione eterna di un continuum, niente sarà o è stato ciò che è tutto si perde, tutto si rigenera e niente che è sarà mai più ciò che era.

Del Tuo Maestro

Impara ad averne un buon ricordo

Delle Religioni

Un unico messaggio infinite voci.

Del Nulla

Ogni luogo sfugge al nulla, ma niente ha luogo se non dal nulla.

Della Saggezza

La conoscenza ed il sapere sono la strada verso la saggezza, ma la saggezza non ha né conoscenza, né sapere.

Dell'Armonia

Sì o no, bene o male, luce o buio non c'è differenza ogni elemento genera l'altro, ognuno dipende dall'altro tutto può esistere solo nella compenetrazione propria del suo opposto e nell'effimero equilibrio della contingenza fattuale.

Della Solitudine

E' necessario sapere la strada da percorrere ogni volta che si ha bisogno del silenzio che solo la quiete della solitudine può darci, ma una volta giunti e compiuta la nostra sosta sarà giusto tornare.

Dei Limiti

Nella formulazione di un limite non si definisce la fine, ma il punto d'incontro tra una fine ed un'origine e non ci segnala il termine, ma tutto ciò che contiene e tutto ciò che sarà oltre, lì le energie trovano l'armonia nell'equilibrio delle loro discordanze.

Del Kalos Kai Agatos

L'energia necessaria per generare un'opera pienamente armonica è pari all'energia necessaria per generare un'opera pienamente disarmonica così la ricerca della bellezza è necessaria come quella della bruttezza e poco importa se è più gradevole una rispetto all'altra perché è nell'opera globale che si apprezza appieno il conseguimento di nuove capacità estetiche e di percezione volte al superamento.

Del Saggio

Ricerca ciò di cui i più hanno già risposta

Dello Stupido

Ha in se ogni risposta e non sa di esserlo.

Del Mito

Indispensabile quanto necessario per il superamento.

Dell'Importante è Partecipare

Non è giustificativo dello scarso impegno, né della sconfitta perché è negativa in quanto tale e neppure dell'aver accettato la competizione poiché quando non si partecipa altri prenderanno ugualmente le decisioni per noi, ma nell'accettare di non aver vinto nonostante si sia profuso tutto il nostro impegno superando perfino il limite che credevamo massimo così da trarne vantaggio per nuove sfide.

Del Limite tra l'Io e la Materia

Lo studio per stabilire con precisione limiti, connessioni e competenze tra Io e materia partendo dagli elementali singolativi parziali d'essere esseri umani in quanto tali, di quanto cioè il nostro essere essere immateriale e quanto invece il nostro essere essere materia agiscano con autonomia propria alla costruzione del nostro essere esseri umani non è, nel nostro stato d'essere, corretto. L'unica ricerca possibile è la conoscenza di noi stessi come esseri in quanto tali, nella visione e nelle conoscenze, e regredendo dalla compenetrazione tra l'equilibrio degli opposti, che regola e governa l'universo, giungere fino alla fine del nostro essere esseri umani per comprendere tutto.

Degli Angeli

Ne è piena la terra!

Dell'Oggettività nelle Affermazioni

Concetto usato per denunciare il carattere di tipo universalistico ed inconfutabile di un'affermazione, ma è specialmente negli enunciati soggettivi che la soggettività si pone come oggettiva di essere per essere l'oggetto altrui.

Dell'Inferno

Ognuno, fortunatamente, ha il proprio.

Del Purgatorio

Necessario alla sintesi.

Del Paradiso

Per raggiungerlo infinite strade, per entrare un'unica chiave.

Dell'Amor che Tutto Move

Minimo comune multiplo.

Dell'Abito Non Fa il Monaco

Non dell'esteriorità si può dare un giudizio profondo, ma in una società fondata sul principio di superficialità questa diviene valore, laddove il valore nega, ed allora l'abito non solo genera il monaco, ma addirittura lo rende santo.

Della Libertà di Stampa

Non è quando si violano i diritti altrui in favore di una libertà schiava del proprio interesse, ma è nell'interesse che rivendica il diritto dell'altrui libertà di conoscenza.

Del Tempo di Esistere

Nell'attimo che è tempo esistiamo e non c'è tempo di esistere se non nell'essere esistiti.

Della Pena di Morte

Non è imponendo una pena mortale che si rende giustizia di un medesimo atto e neppure si deve credere che si sia eliminato un problema in quanto eventualmente lo si aggiunge.

Del Cerchio

Chiude restando aperto, perfetto perché infinito.

Dell'Arte e dell'Artigianato

Dei due la madre è l'artigianato.

Dell'Artista

Tutti possono percorrere un cammino di cui altri dettano la strada, ma pochi trasformano la strada in un cammino di cui potranno dettare il percorso.

Del Brand

A volte è necessaria una grande firma per far sì che solenni sciocchezze siano riconsiderate come profonde verità.

Della Sintesi

Come nell'acqua così nel fuoco e tutto è uno e uno è tutto.

Dell'Affermare

Tutto inizia e tutto finisce, nella legittimazione di ciò che è stato e nella proposizione di ciò che sarà. Perdere e trovare, lasciare e cercare, avere e non avere, noi non saremo, ma siamo stati ed adesso è già passato, ma tutto è.

Del Lavoro Nobilita l'Uomo

Accettando di acquisire capacità non reali o pertinenti ad azioni compiute cediamo valori tangibili smarrendo noi stessi a vantaggio di chi ci ha dato la strada.

Del Talento

E' necessaria tutta la preparazione accademica per divenire maestri. Solo allora saremo allievi completi per poter iniziare il cammino che può farci scoprire ciò che da sempre era in noi.

Della Pietra Filosofale

Da ricercare, ma se trovata rende vana la ricerca.

Del Banale

Banale è ogni cosa che è comune e scontata, ma cosa sia comune e scontato e certo ed ovvio solo chi lo sa può dirlo tale.

Dell'Ignoto

Non è più ignoto ciò che non sappiamo da ciò riteniamo certo senza conoscerlo.

Delle Decisioni da Prendere

Correre verso qualcosa di infinito può spingere a restare fermi nel timore che ogni cosa possa dissolversi e divenire niente, ma se poniamo l'infinito nella nostra corsa allora restare fermi si dissolve e tutto in ogni cosa diviene infinito.

Del Memento Mori

Non è il timore di morire, ma la serenità di comprendere che si è vivi grazie alla morte che deve spingere a vivere la vita nella sua essenza.

Della Magia

E' proporzionale alla forza che riceve da chi crede in lei e risiede nella credenza e non nella conoscenza.

Della Ricerca Scientifica

La realtà ha infiniti fenomeni di rappresentazione che determinano infinite forme di visioni, la ricerca scientifica però non trova la realtà assoluta perché anche lei assoluta non è, ma parte di una visione relativa che tende universalizzarsi in assoluto.

Del Divinatorio

Poteva vedere ogni cosa ed essere in ogni luogo, era in ogni cosa ed ogni cosa era in lui, i ricordi erano quelli di ognuno ed era nei ricordi di ognuno, non provava emozione, ma le viveva tutte, non c'era etica e non c'era morale, non c'era niente che non fosse tutto e non sapeva più niente perché sapeva tutto ed era nell'attimo che è per sempre .

Del Vero Amore

Non perdere nessuna alba e nessun tramonto, non lasciare sfuggire l'attimo che incessante muta ogni cosa fino a renderla irriconoscibile, nel gesto-tempo curva infinito di se stesso la luce dell'orizzonte si liquefa nella sostanza e tutto da uno sfumato sovrasensibile, tensione d'immenso, si rinnova nel desiderio di noi che accetta la morte e si ritrova nella rinascita per non perdersi.

Della Ricerca Epicuro e Me

Ciò che i più sanno io non so, ciò che io cerco i più ignorano.

L'Essere di essere Amore

Nella medietà[1] del susseguirsi di attimi singoli si coglie l'essere "essere" nel tempo, infinito compiuto che lascia dietro di noi la morte confermandoci la nostra momentanea esistenza. Così un atto d' amore non determina l'amore eterno, ma l'eterno momento che racchiude in sé l'essere di "essere" amore.

1- Medietà

Serie di ripetizioni di atti presi nel loro svolgere medio senza cioè tener conto dell'eccezionalità di un evento singolo.

Indice

Nota dell'autore

1. Delle Origini, dell'Universo, dell'Esistenza e del Tempo
2. Del Viaggio
3. Del Conosci Te Stesso
4. Della Vita
5. Della Morte
6. Dei Corsi e Ricorsi della Storia
7. Dell'Infinito
8. Del da Dove Veniamo e Dove Andiamo
9. Del Buon Selvaggio
10. Della Felicità
11. Del Chi Siamo
12. Dell'Aldilà
13. Dell'Arte
14. Della Vita Virtuale
15. Dell'Eros
16. Della Società
17. Dei Numeri
18. Del Bello
19. Della Politica
20. Dell'Aborto
21. Dell'Eutanasia
22. Della Fedeltà
23. Dell'Amicizia
24. Della Verità
25. Della Libertà

26. Del Pensiero
27. Della Parola
28. Della Fortuna
29. Della Maggioranza
30. Dell'Esistenza di Dio
31. Della Globalizzazione
32. Del Reale
33. Della Giovinezza e della Senilità
34. Dell'Invidia
35. Della Ricchezza
36. Della Relatività del Giudizio
37. Della Povertà
38. Dell'Insegnamento
39. Della Speranza
40. Della Volontà
41. Dell'Assoluto
42. Del Tutto
43. Dell'Eremita
44. Della Pausa
45. Del Coraggio
46. Del Dogma
47. Del Labirinto
48. Dell'Immortalità
49. Del Siamo Tutti Uguali
50. Del Carpe Diem
51. Del Tuo Maestro
52. Delle Religioni
53. Del Nulla
54. Della Saggezza
55. Dell'Armonia
56. Della Solitudine
57. Dei Limiti
58. Del Kalos Kai Agatos
59. Del Saggio
60. Dello Stupido
61. Del Mito

62. Dell'Importante è Partecipare
63. Del Limite tra l'Io e la Materia
64. Degli Angeli
65. Dell'Oggettività nelle Affermazioni
66. Dell'Inferno
67. Del Purgatorio
68. Del Paradiso
69. Dell'Amor che Tutto Move
70. Dell'Abito Non Fa il Monaco
71. Della Libertà di Stampa
72. Del Tempo di Esistere
73. Della Pena di Morte
74. Del Cerchio
75. Dell'Arte e dell'Artigianato
76. Dell'Artista
77. Del Brand
78. Della Sintesi
79. Dell'Affermare
80. Del Lavoro Nobilita l'Uomo
81. Del Talento
82. Della Pietra Filosofale
83. Del Banale
84. Dell'Ignoto
85. Delle Decisioni da Prendere
86. Del Memento Mori
87. Della Magia
88. Della Ricerca Scientifica
89. Del Divinatorio
90. Del Vero Amore
91. Della Ricerca Epicuro e Me
92. L'Essere di essere Amore

www.ingramcontent.com/pod-product-compliance
Lightning Source LLC
Chambersburg PA
CBHW061452040426
42450CB00007B/1323